날마다
설교 노트

DAILY SERMON NOTE

KB191686

넥서스CROSS

주의 말씀은 내 발에 등이요
내 길에 빛이니이다

- 시편 119:105 -

올해 받은 말씀

이름

Date 2018 · 9 · 2 ·

제목: 고난을 통해 만난 예수님

본문: 마태복음 9:18~26

설교자: 김바울 목사님

🎋 내용 요약

예수님을 만남으로 병뿐만 아니라 인생까지 회복되는 말씀이다.

두 가지 관점으로 살펴보자.

첫째, 고난은 예수님을 만나는 통로로 사용된다.

본문 18절의 말씀을 보면, 예수님께서 말씀하실 때에 한 관리가

와서 절하며 '내 딸이 방금 죽었으나 그 몸에 손을 얹어 주소서

그러면 살아나겠나이다'라고 말하는 장면이 나온다. 그런데 이

관리는 회당장으로, 당시 서기관과 바리새인들의 지도자 위치에 있는

사람이었다. 아무리 전도해도 예수님을 전혀 믿지 않을 것 같은 그런

사람이, 예수님께 와서 자신의 딸을 살려 달라고 애원하는 것이다.

우리도 살다보면, 어떤 사람은 도저히 예수님을 믿지 않을 것 같은

사람이 있다. 학벌과 직업과 돈과 권력까지 모두 겸비한 사람, 우리는

이런 사람을 보면 '저런 사람은 아무리 전도해도 예수님을 믿지 않을

거야'라고 생각한다. 그런데 생각보다 쉽고 자연스럽게 예수님을 믿게

되는 것을 가끔 보게 된다. 왜일까?

. . . . . .

고난은 사람을 겸손하게 만들고, 예수님을 만나게 하여 더욱 값진

인생으로 바꾸게 하는 통로로 사용된다. 물론 우리의 인생에 특별한

고난이 없을 수도 있다. 일이 잘 풀릴 수 있다. 그러나 고난이 없다고

너무 좋아하지도, 자랑하지도 말자. 내가 죄를 지었는데 무사히

넘어갔다면, 그건 다행이 아니라 불행이다.

. . . . . .

결단 및 적용

* 지금 나에게 있는 고난은? 직장 내 관계 문제
* 해결을 위한 말씀 적용 및 실천사항
- 한 주간 새벽기도에 나가 하루를 말씀과 기도로 시작하기
- 월요일 오전 회의 때 팀원들에게 커피 한 잔씩 타 주기
- 수요일 휴게 시간에 박유다 과장과 커피 한 잔 하며 대화하기

5

제목:

본문:

설교자:

🌿 내용 요약

결단 및 적용

제목:

본문:

설교자:

> 내용 요약

🌿 결단 및 적용

Date   .   .   .

제목:

본문:

설교자:

내용 요약

🌿 결단 및 적용

제목:

본문:

설교자:

___

 내용 요약

결단 및 적용

제목:

본문:

설교자:

내용 요약

결단 및 적용

제목:

본문:

설교자:

내용 요약

결단 및 적용

제목:

본문:

설교자:

❧ 내용 요약

결단 및 적용

제목:

본문:

설교자:

🌿 내용 요약

결단 및 적용

Date   ·   ·   ·

제목:

본문:

설교자:

✍ 내용 요약

결단 및 적용

제목:

본문:

설교자:

⚜ 내용 요약

결단 및 적용

Date   ·   ·   ·

제목:

본문:

설교자:

❧ 내용 요약

🌿 결단 및 적용

Date　　·　　·　　·

제목:

본문:

설교자:

🌿 내용 요약

결단 및 적용

제목:

본문:

설고자:

⟩⟩ 내용 요약

결단 및 적용

제목:

본문:

설교자:

> 내용 요약

결단 및 적용

제목:

본문:

설교자:

✌ 내용 요약

결단 및 적용

제목:

본문:

설교자:

꙼ 내용 요약

결단 및 적용

제목:

본문:

설교자:

🌿 내용 요약

결단 및 적용

제목:

본문:

설교자:

✌ 내용 요약

🌿 결단 및 적용

제목:

본문:

설교자:

___

🌿 내용 요약

결단 및 적용

Date   .   .   .

제목:

본문:

설교자:

내용 요약

결단 및 적용

제목:

본문:

설교자:

내용 요약

결단 및 적용

제목:

본문:

설교자:

🌿 내용 요약

결단 및 적용

제목:

본문:

설교자:

❧ 내용 요약

결단 및 적용

제목:

본문:

설교자:

✎ 내용 요약

결단 및 적용

제목:

본문:

설교자:

___

❧ 내용 요약

결단 및 적용

제목:

본문:

설교자:

🌿 내용 요약

결단 및 적용

제목:

본문:

설교자:

➣ 내용 요약

결단 및 적용

제목:

본문:

설교자:

❧ 내용 요약

결단 및 적용

제목:

본문:

설교자:

내용 요약

🌿 결단 및 적용

Date   ·   ·   ·

제목:

본문:

설교자:

✻ 내용 요약

결단 및 적용

제목:

본문:

설교자:

내용 요약

결단 및 적용

제목:

본문:

설교자:

내용 요약

🌿 결단 및 적용

제목:

본문:

설교자:

───────────────────────────

🌿 내용 요약

결단 및 적용

제목:

본문:

설교자:

✎ 내용 요약

결단 및 적용

제목:

본문:

설교자:

🌿 내용 요약

결단 및 적용

제목:

본문:

설교자:

✎ 내용 요약

🌿 결단 및 적용

제목:

본문:

설교자:

✎ 내용 요약

결단 및 적용

제목:

본문:

설교자:

✎ 내용 요약

결단 및 적용

Date   .   .   .

제목:

본문:

설교자:

🌿 내용 요약

결단 및 적용

제목:

본문:

설교자:

⅗ 내용 요약

🌿 결단 및 적용

제목:

본문:

설교자:

🌿 내용 요약

❧ 결단 및 적용

제목:

본문:

설교자:

❧ 내용 요약

결단 및 적용

Date   ·   ·   ·

제목:

본문:

설교자:

✎ 내용 요약

결단 및 적용

제목:

본문:

설교자:

> 내용 요약

결단 및 적용

제목:

본문:

설교자:

✎ 내용 요약

결단 및 적용

제목:

본문:

설교자:

내용 요약

결단 및 적용

제목:

본문:

설교자:

�씨 내용 요약

결단 및 적용

제목:

본문:

설교자:

🌿 내용 요약

결단 및 적용

제목:

본문:

설교자:

❧ 내용 요약

결단 및 적용

제목:

본문:

설교자:

─────────────────────────────

� 내용 요약

결단 및 적용

제목:

본문:

설교자:

✎ 내용 요약

결단 및 적용

Date　　·　　·　　·

제목:

본문:

설교자:

🌿 내용 요약

결단 및 적용

제목:

본문:

설교자:

> 내용 요약

결단 및 적용

날마다 설교 노트(꽃)

엮은이 넥서스CROSS 편집부
펴낸이 임상진
펴낸곳 (주)넥서스

초판 1쇄 발행 2018년 1월 10일
초판 11쇄 발행 2025년 3월 28일

출판신고 1992년 4월 3일 제311-2002-2호
주소 10880 경기도 파주시 지목로 5
전화 (02)330-5500 팩스 (02)330-5555

ISBN 979-11-6165-213-9   03230

www.nexusbook.com